AF547887

Nichtstun

1. Auflage Juni 2023

Detaillierte bibliographische Daten sind unter http://dnb.ddb.de bei der Deutschen Nationalbibliographie abrufbar.

ISBN 978-3-949515-02-6

www.chiliverlag.de

Eckart Balz

Nichtstun

Gedichte

chiliverlag

Vorwort

Nichtstun will gekonnt sein. Es bedeutet keineswegs, nicht zu agieren, sich bloß zurückzulehnen, zu langweilen oder gar wegzuschauen, wenn etwas zu tun ist. Nichtstun heißt, mal nichts Bestimmtes tun zu müssen. Nichtstun, das sind die Nischen, die unser Leben lässt. Wir können sie finden – und gestalten.

Vielleicht ist manchmal sogar das „Beste, was wir tun können“: nichts (Kern, 2019). Als „Müßiggang“ wird es gelobt (Russell, 1932), auch als „Kunst“ gehandelt (Hesse, 1973) und wie ein verlorener „Fokus“ (Hari, 2022) auf unser Leben eingestellt – mit ebenso viel Aufmerksamkeit wie Gelassenheit.

Eigentlich war dieser Gedicht-Band nicht mehr vorgesehen. Nach „Stillgelegte Gleise“ (2019) und „projekt:731“ (2021) sollte für mich Schluss sein. Aber manchmal kommt es eben anders, als man es lenkt und sich so denkt …

Gewartet hat ein – mir verbliebenes – lyrisches Thema: die Nutzlosigkeit unserer Existenz, welche sich nicht erst in ihrer Brauchbarkeit und Dienstbarkeit erweist, sondern sich vielmehr im Dasein und Erleben schon selbst genügt. Das wird hier mit 63 Gedichten unter dem Titel „Nichtstun“ versammelt und deutet auf alle Situationen des Lebens, in denen wir präsent sind, ohne etwas für uns bereits Vorgesehenes zu machen.

Solche Situationen sind in diesem Band poetisch charakterisiert und wie folgt gegliedert: Einstimmungen (I), Meditative Momente (II), Natürliche Auszeiten (III), Entliehene Pausen (IV), Inseln der Entschleunigung (V), Wiederentdeckte Stille (VI), Spätsommerliches am See (VII), Einfach stehen geblieben (VIII) und Zum Wechsel der Jahre (IX).

In Kapitel IV „Entliehene Pausen“ finden sich gecoverte Gedichte, in Kapitel VI „Wiederentdeckte Stille“ bereits von mir publizierte – alles andere ist ebenso eigen wie neu. Bei Vielen möchte ich mich bedanken, dass dieser Band entstehen und erscheinen konnte: bei jenen, die mir die Muße dafür gelassen haben, bei denen, die mich zur Lyrik ermutigt haben, und nicht zuletzt beim chiliverlag, der das Werk umgesetzt hat.

Eckart Balz

I. EINSTIMMUNGEN

Nichtstun

Nichts kann man
nicht tun;
erst der Tod erlaubt
uns das.

Nichtstun meint
vielmehr:
nichts Bestimmtes
zu tun.

Nichtstun ist,
erlaub
es dir, ein Müßiggang
im Jetzt.

Durch den Tag

Sich mal durch den ganzen Tag
bloß treiben lassen:

Null Termine machen,
keine Pläne schmieden,
über nichts und niemand wachen,
alle Pflichten heut gemieden;

ohne Rituale starten,
nur das Jetzt im Tun genießen
und auf nichts wie niemand warten,
alles was wir unterm Sollwert ließen;

nicht mit Zielen sich beladen,
keine treuen Dienste leisten –

in geglückten Augenblicken baden,
allem fern, als ob wir reisten.

Für Tina zum 26.12.2021

Seelenbaumeln

Wie eine leichte
Brise
auf der Haut.

Wie ein gelöstes
Schweben
anvertraut.

Wie ein ersehnter
Frieden
aufgebaut.

drömmeln

nur
so
rum
öllern

und
in
Ruhe
schlummeln,

vor
sich
hin
dödeln,

noch
mal
kurz
vermünnern

und
ganz
sachte
prötteln:

eben
bloß
etwas
drömmeln.

Meinem Bruder Bernd-Christian (sonntagnachmittäglich)
gewidmet

Baumeln

Jetzt baumelt er doch
wirklich an dem Galgen.

Dabei wurde festgestellt,
er habe faktisch *nichts* getan.

Eben das, so warfen
sie ihm später vor,
sei unverzeihlich;

diese Denunzianten,
Dilettanten und
alle Ignoranten.

Inneres Schwingen

Oma Annas Standuhr
– aus Eichenholz, hoch und fest –
war mir ein Versteck.

Ein Universum für sich,
wenn die Tür sich schloss,
das Hin und Her im Takt,
ganz ruhig der Schwung –
und ich stand mittendrin.

Habe mich dort eingependelt,
diesem Schwingen nachgefühlt,
meine eigne Uhr danach gestellt.

II. MEDITATIVE MOMENTE

Am Busfenster

Bedeutungslos,
beschwerdefrei –
so zieht die Welt
an mir vorbei.

Im blauen Bus,
da sitz ich bloß,
es gibt kein Muss,
kein schnelles „los“.

DB – beschaulich

Sitze heute spät im Zug,
schau den andern Leuten zu –

wie sie packen: aus, dann ein,
hin und her/mal kreuz, mal quer;

wo sie sitzen: fensterseits,
fest liiert/gruppiert zu viert;

was sie essen: Obst, Brot, Ei,
Kaffee drauf/und Sweets zu Hauf;

ob sie reden: nix, ganz viel,
Handy an/zum Nebenmann;

was sie lesen: für den Job,
Buch und „Bild"/die FAZ, das gilt;

wie sie gucken: ernst bis leer,
raus und rum/fast froh, auch dumm;

was sie spielen: mit dem Kind,
Karten los/am Laptop bloß;

ob sie schlafen: eingenickt,
schnarchend laut/wem anvertraut?

Sitze heute spät im Zug,
schreibe dies Gedicht dazu.

Bier zum Klavier

In der Wuppertaler
Bahnhofshalle
steht ein Klavier.
Jede/r ist hier
eingeladen, wenn man
will und kann.

In der Wuppertaler
Bahnhofshalle
kauf ich ein Bier.
Setz mich zur Zier
nebendran und lausche,
dann und wann.

Kinderspielplatz

Die Sonne wärmt
das Areal.
Kinderstimmen
branden auf: ein
Juchzen,
Schreien,
Quietschen.

Ich setze mich
am Rand dazu.
Schließ die Augen,
nicht die Ohren: ein
Lauschen,
Lächeln,
Schwärmen.

Strandkorb

Wetter mittelprächtig.
Badewiese leergefegt.
Café von Mo bis Fr dicht.

Lasse mich im Strandkorb nieder.
Wolkenbänder, Sonnenstrahlen.
Lese im Roman von Julie Zeh.

Rundherum geschieht hier nichts.
Ungezählt verstreicht die Zeit.
Hocke hier – mir selbst genug.

Dieser Strandkorb befindet sich auf der Badewiese des Glienicker Sees am Café Seeperle.

Oval mit Spitzen

Henry Moore sei Dank,
steht es dort im Park:
großer Bronze-Schwung,
fest und ausdrucksstark.

Henry Moore hab Dank
– wie die Form ergab –
dass ich in dem Rund
Platz zum Liegen hab.

Diese vom weltweit bekannten Bildhauer Henry Moore gefertigte Bronzeskulptur „Oval mit Spitzen" steht im kleinen Park zwischen der Bielefelder Kunsthalle und dem Ratsgymnasium; gelegentlich lege ich mich hinein.

Auf dem Sofa

Bin kein guter
Mittagsschläfer.
Doch das Sofa
lädt mich gerne ein:

Gedanken zu sammeln,
auch gute Bücher zu lesen
und manche Filme zu schauen
oder einfach bloß zu dösen.

Dieses Sofa
lässt mich nicht allein.

Abchillaxen!

Wer sich mal erholen
und entspannen will,
der muss: relaxen.

Wer mal müßig gehen
und bloß faul sein will,
der muss: abhängen.

Wer mal runterkommen
und recht cool sein will,
der muss jetzt: chillen.

Wer dies alles machen,
also nichts tun will,
muss: *abchillaxen*!

III. NATÜRLICHE AUSZEITEN

Im See treiben

Das Grünblaugrün
erstreckt sich weit hinaus.
Ein Teppich mit Tiefgang.
Wasser streicht wie Samt
an mir vorbei.

Bin draußen mit dem See allein,
dem Geplänkel zarter Wellen.
Von Ferne raunt das Schilf.
Ich gleite rücklings hin und
treibe still herum.

Bis der Himmel, irgendwann,
mit meinem See zerfließt.

Die Rede ist vom Sacrower See in Potsdam/Groß Glienicke.

Im Sand sitzen

Eine Stunde:
regungslos.

Eine Stunde:
Land, Meer, Land.

Eine Stunde:
absichtslos.

Eine Stunde:
Sand, nur Sand.

Am Flutsaum laufen

Das Meer, es
atmet ein und aus.
Zum Wechsel
glitzern die Gezeiten.

Die Wellen
laufen ab wie auf.
Begleite sie
ein Stück am Strand entlang.

Im Flutsaum
geht die See an Land.
Da bleibt so
manches einsam liegen.

Die Muscheln
werden ihren Glanz verlieren.

Im Garten liegen

Es muss schon richtig passen:

der weiche Schwung der Liege –
ein Platz, vielleicht am Walnussbaum,
die Sonne wärmend drum herum –
und Ruhe, nur die Vögel singen.

Es muss schon richtig passen,
aber dann ist's wunderbar.

Im Buch versinken

Find recht selten Bücher
ganz und gar gelungen,
hab nur wenig Werke
gleich komplett verschlungen.

Manchmal aber zieh'n sie
mich so tief hinein, dass
eine fremde Welt, ein
Kosmos neu entsteht und

ich im Buch versinke,
mit auf diese Reise
geh und fast ertrinke
in den Tiefseezeilen,

wo die Sätze klingen,
fern und nah zugleich,
wie die Wale singen,
ohne Ende, ohne Zeit.

So ist es mir u. a. ergangen mit „See-Leben" (W. Koch),
„Herr der Ringe" (J.R.R. Tolkien) und „Arbeit und Struktur"
(W. Herrndorf).

Im Schweigen schwelgen

Auf dem Rückzug
meiner Worte
an die innersten Orte
ist alles schon gesagt,
das Reden stumm vertagt,
hat Sprache ganz versagt.

Hier braucht es keine Sätze
und eloquenten Plätze,
behalte das für mich
als Zuflucht meines Ich,
genieße jenes Ungesagte
und schweige: wie der

nicht Gefragte.

IV. ENTLIEHENE PAUSEN

Mondkind

Seht ihr den Mond dort stehen,
den Tag zur Ruhe gehen?
Die Welt wird still und schweigt.

Hier schlaft nun ein, ihr Kinder,
und anderswo nicht minder,
dass sanft die Nacht sich zu uns neigt.

Auf nur eine Strophe kondensiertes Analogie-Gedicht zum Abendlied „Der Mond ist aufgegangen" von Matthias Claudius.

Würd ich's vermissen?

Heut früh bin ich wieder aufgewacht.
Hab mich nach dem Frühstück losgemacht.

Habe dies und das gehört wie auch gelesen.
Ich bin da und dort nochmal gewesen.

Alles war freundlich, alles war nett.
Aber wenn ich weitergeschlafen hätt'
und tät von alldem gar nichts wissen:

Würd etwas fehlen, würd ich's vermissen?

Analogie-Gedicht zu „Würd es mir fehlen, würd ich's vermissen" von Theodor Fontane

Schwestern im Mai

Melancholie und Freude sind doch
Schwestern,
aus ihren Augen fällt das Glück
wie Schnee.

Mit jedem Herzschlag wird das Jetzt zu
Gestern,
auch Glück kann schmerzen, ja der Mai
tut weh.

Analogie-Gedicht zur fünften Strophe aus „Der Mai"
von Erich Kästner

Verflossen

Verflossen ist das Gold der Tage,
des Abends Blau und zarte Farben,

der Vögel sanfte Töne starben –
des Abends bleiben stumme Narben,

verflossen ist Gold der Tage.

Analogie-Gedicht zu „Rondell“ von Georg Trakl

Die Erben

Ihr seid die Erben,
denn wir: sterben.

Und Du erbst das Grün
entlegener Gärten,

Du das stille Blau
verflossener Himmel

und Du das tiefe Rot
zerbrochener Herzen.

Analogie-Gedicht zu „Das Stundenbuch" (1901/2007, hier explizit S. 70) von Rainer Maria Rilke

Zwei Dinge

Ob Liebe, ob Weh,
ob Sterne,

was so auch erstrahlte,
verblich.

Es bleibt nur ein Suchen:
die Ferne

und das geborgene
Ich.

Analogie-Gedicht zu „Nur zwei Dinge“ (letzte Strophe)
von Gottfried Benn

V. INSELN DER ENTSCHLEUNIGUNG

Achill Island

Westnordwest hinausgelegt,
fest ins Atlantische Weit,

gebettet auf Fels und Torf,
Du große grüne Göttin,
thronst auf Klippen, Bergeshöh'n,
versteckst die kleinen Buchten,
birgst Irlands Seele Heimat –

und atmest Traditionen aus,
Du Perle des Wild Atlantic Way,
erzählst Geschichten von Seinerzeit,
von Hunger und langem Kampf,
vom ganz einfachen Leben –

auch von Böll, Guinness und Gesang;
  also fahr'n wir übern Sund,
  mit der Insel fest im Bund –
  tun es nochmal gerne kund:
  wahre Liebe ist der Grund.

Ein Tag in den Dünen

Losstreifen.
Hinter Strandhaferbüscheln
die schönste Mulde finden.

Sich richtig einnisten.
Vom Meer berauschen lassen
und streicheln vom Wind.

Mit dem Sand-nur-Sand
eins und einig werden.
Der Ewigkeit begegnen.

Hiddensee reloaded

Eigen, widerständig –
dem Seepferdchen gleich
und etwas scheu –
kauert das Kleinod

hinter Stein und Schilf,
wo blaut die Kunst
und im Molenlicht
unruhig nachtet das Meer

mit blankem Flügelschlag
des Kormorans,
der seedornig streift
Bodden und Sund.

Bordsteinmeditation

Spiekeroog, Spätnachmittagssonne.
Sitze versandet auf der Bordsteinkante.
Die Wärme und zwei Bier tun ihre Wirkung.
Stimmen, Beine, Menschen zieh'n vorbei.

Rühre mich nicht von diesem Fleck.
Die Pferdeäpfel wollen auch nicht weg.
Lass es einfach nur gescheh'n,
seh durch alles bloß hindurch.

So reglos, zeitlos, willenlos –
die kleine Bordsteinmeditation.

Schullandheim

Zwei Wochen hier auf Langeoog.
Mit Anselm, Meer und Strand –
da freue sich, wer's fand!

Zwei Wochen hier im Schullandheim.
Mit Kindern, Drum und Dran –
da lege los, wer kann!

Zwei Wochen helle Sommerzeit.
Mit Jever, Fisch und Priel –
da stehe auf, wer fiel!

Irland

Diese Insel ruht in sich.
Manches hat sie durchgemacht.
Fast verhungert an sich selbst.
Liegt da einsam, rau und arm.

Kein Bewundern braucht es hier.

Diese Insel ruht in sich.
Reichlich Grün wird ausgeteilt.
Schafe, Wolken, Torfgeruch.
Decken der Entschleunigung.

Mein Bewundern braucht sie nicht.

VI. WIEDERENTDECKTE STILLE

Wie im Vorwort bereits erläutert wurde, sind in diesem Kapitel ausgewählte, thematisch einschlägige Gedichte der beiden letzten Bände „Stillgelegte Gleise" (2019) und „projekt:731" (2021) – als teilweise geringfügig bearbeitete Wiederveröffentlichungen – zusammengestellt.

Muße

Manchmal gibt es
diese Stunden,
die vom Lebensband
nicht abgeschnitten werden:

Stunden ohne
Hast und Ziel –
Stunden, in denen
weniger als nichts geschieht,

nur ein langer Augenblick am Stück.

Himmlisch passiv

Hinfort mit diesem
agitatorischen Imperativ:
kein „carpe diem"
soll uns leiten!
Überholverbot.
Die „Vita activa"
hat ausgedient.
Immer parat, zugepackt,
forscher, fixer, mehr –
Ideologie der Hypertrophen.

Bleibt ruhig!
Seid gefangen und
lasst euch berauschen,
die Zeit vorüber ziehen!
Werdet passiv!
Lasst auch Dinge liegen,
seid mal öfter faul!
Ehret das Beschauliche
und bewahret die Stille!
Verneigt euch vor dem Nichts!

Lassen

Zuweilen hilft mir
mehr noch als alles
Wollen, Zielen, Schaffen:

das Nicht-mehr-Tun,
das Loslassen- und
Aufhören-Können,
das Nein- oder
Jetzt-nicht-Sagen,
das Ende- und
Ausstieg-Finden,

eben dieses
Genug-sein-Lassen.

Gang der Woche

Die Ruhe an einem Sonntagmorgen,
nur Waldkäuzchen und Elbengesang.

Am Montag in die Woche kommen,
Fahrt aufnehmen, Rhythmus finden.

Dienstags etwas weiter kommen,
das mal klären, Rhythmus halten.

Mittwochs weiter vorwärts schreiten,
Kraft einteilen, Rhythmus halten.

Donnerstags mal zu Potte kommen,
noch was klären, Rhythmus halten.

Am Freitag etwas runterkommen,
Fahrt rausnehmen, Rhythmus lockern.

Samstags was erledigen, sich auch
Zeit nehmen, Rhythmus wechseln.

Sonntags nichts erledigen, sich mehr
Zeit nehmen, Muße finden.

Vgl. die Seiten 11 und 12 aus „poesie:731. Lyrik im Längsschnitt“

Ballyheigue Sunday

Aus der atlantischen Bucht
strömt Silber die Hügel hinauf.
Stimmengewirr brandet vom Strand.

Selten war es so sommerlich.

Entlang der Friedhofsmauer
neigen sich gelassen hohe Gräser
im Golfstromwind.

Diesseits kauern bunte Häuser,
jenseits steht das verwitterte
keltische Kreuz.

Im Ort tönt ein Jahrmarkt.
Unbewegt schauen die Berge
von Kerry herüber.

Regensburger Friedhof

Letzter Ort der Stille,
verewigt von Kuppelhallen.
Herberge der ungleichen Gräber,
des unverstandenen Todes.

Jener Nichtigkeit,
die niemand
an sich selbst erfährt.

Brunnen des flüssigen Gleichmuts,
des trunkenen Schreckens:
Wann ist mein Tag?

Runterkommen

Sehnsuchtsort –
Potsdam, Groß Glienicke.
Habe in der Gegend
eine Datsche.

Schau zum
Königswald hinaus,
zu beiden Seen
ein Katzensprung.

Fahre jeden Monat
wieder her –
mag meine Touren,
Treffen und Projekte:

die Ostprovinzen-
Slow/er-Down-Effekte.

Vgl. hierzu die Seite 26 aus dem Band „Projekt:731.
Lyrik im Längsschnitt"

See der Sehnsucht

In ihm läuft alles klar zusammen.
Von Ost und West, von Nord und Süd,
von Bucht zu Bucht, ganz grün erblüht.

In ihm ist gut weit raus zu schwimmen.
Von Nord nach Süd und dann zurück,
auch kreuz und quer, ein großes Glück.

In ihm lass ich mich rücklings treiben.
Kaum vor noch quer, nur dieser Ort,
fast schwebend hier, in einem fort.

In ihm, da möcht' ich untergehen.
Nicht hier und jetzt, doch später gern,
versinken – still: so nah, so fern.

Vgl. hierzu in Kap. VII das Gedicht „Sacrower See"

Septemberblues

Auf das Höchste
aber unentschlossen
bin ich im September,

dieser Pflaumenkuchen-Wespen-Zeit,

wenn wir uns noch einmal wärmen
und laben an dem milchig Kleid,

wenn wir noch nichts wissen wollen
von der unweigerlichen Strenge
und der aufziehenden Dunkelheit.

Zur blauen Stunde

Weit wölbt abends
sich das Firmament.

Zwischen Tag und Nacht
fällt Dämmerung.

Wunderbares Blau:

schärfe meine Sinne,
segne meine Seele!

Irgendwo

Dort hinten
in den Karpaten,
sagt man,

sei das Leben
wie ein einziger
langer Tag;

morgens und abends
komme ein Zug vorbei,
der niemals hält.

Stiller die Tage nie klangen

Stiller die Tage nie klangen
als vom Verhallenden umfangen
und so erinnert rasch vergangen.

Stiller die Tage nie klangen.

VII. SPÄTSOMMERLICHES AM SEE

Groß Glienicke

Ankommen.
Sich wieder da fühlen.
Den Ort gleich inhalieren.
Bekanntes und was Neues sehen.
Schon mal ein paar Worte wechseln.
Die Datsche aufschließen.
Sich wohlig einfinden.

In den Garten gehen.
Aufs Fahrrad steigen,
die beiden Seen besuchen
und richtig untertauchen.
Sich darin noch einmal verlieben.
Am Abend dann einkehren –
von einem Rudel Wölfe träumen.

Von Ost nach West und zurück

Durch den See
lief längs die Grenze,
quer hindurch schwamm
niemand hier.

Durch den See
läuft längst sie nimmer,
quer hindurch darf
jeder nun.

Durch den See
und über Grenzen
schwimm ich heute
also quer.

Die Rede ist vom Glienicker See zwischen Potsdam/Groß Glienicke und Berlin/Kladow, durch den bis 1989 die Grenze zwischen der BRD und DDR verlief.

Havelliege

Vierundzwanzig Latten,
wetterfest ergraut und
breit genug für zwei,

erwarten uns
im schönen Schwung,

dass wir Frieden hatten,
sanfter träumen konnten
– den Kopf ganz frei –

vom Wind im Gras und
Knistern der Heuschrecken.

Sacrower See

Wie eine große glaziale Wanne
steht der See, umgrünt von Wald,
in sich selbst vertieft –

ungerührt, so lässt er uns
gewähren: rundherum laufen,
und schwimmen weit hinaus,

bestaunen nur
sein blaues Kleid.

Besehen vom kleinen Sandstrand am Gasthaus „Landleben"
im Süden auf den sich hinaus erstreckenden Sacrower See.

Retsinaschorle

Diesen Moment
steht alles still.
Unter Weinlaub
ein Retsina 0,5.
Mische ihn mit
Zitro, Selters, Eis.

Das perlt antik
im Sonnenstrahl.
Tauche tiefer
in den Rausch hinab.
Am Grund beginnt
die Odyssee.

Sechsunddreißigste KW

Jahr um Jahr
im September
bin ich wieder hier,
genieße das Quartier:

in der Mark von Brandenburg,
durch die Döberitzer Heide,
einen Tag nach Potsdam rein
oder radelnd nach Berlin.

Hab mich beiden Seen
ganz und gar verschrieben,
sammle mit den Feen

warme Sonnenstrahlen ein,
kehre gern zur Datsche heim.

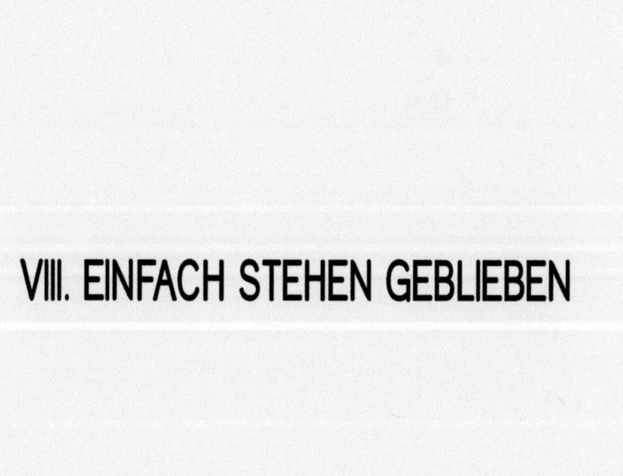

VIII. EINFACH STEHEN GEBLIEBEN

Status quo

„Zieh immer weiter!",
verkünden die Rastlosen.
„Sei nie zufrieden!",
ermahnen die Glücklosen.
„Stillstand ist Rückschritt",
behaupten die Haltlosen.

Heuschrecken der Moderne.
Sie schwärmen aus in alle Winkel,
überfallen mein bestelltes Feld –
zerstören jeden Status quo.

Retro retten

Im Rückspiegel
ist gut zu sehen,
was nicht verloren
gehen darf, was
sich bewährt hat,
was der Zeit entkommt:

mein alter brauner Pulli
und Noldes Aquarelle,
das Stadtschloss in Berlin,
Musik von Pink Floyd,
ein guter VW Diesel –
die Bib der Uni Bielefeld,

Gedichte von Goethe, Rilke, Benn,
ein großes kaltes Bier,
allerschönste Fußball-Tore,
Herrndorfs „Arbeit und Struktur",
Achill Island – Sacrower See,
der Mond mit Abendstern.

1920er Jahre

So golden warn sie auch nun wieder nicht.
Am Ende taumelt Weimar und zerbricht,
bis dahin aber tanzt es frech, galant –
wie Deutschland vorher keine Jahre fand.

So golden warn sie auch nun wieder nicht.
Wo niemand wusste, wer hier was verbricht,
fürwahr ein buntes Treiben voll Elan –
gar Vieles wurde forsch und neu getan.

So golden warn sie auch nun wieder nicht.
Auf Wandel, Sturm, Reform erpicht,
zerrissen zwischen deutscher Tradition –
Armut, Glanz und rechter Munition.

Mein erstes und einziges Gedicht in englischer Sprache entstand nach vier DB-Fahrten mit insgesamt sechs Stunden Verspätung, davon fast zweihundertvierzig Minuten aufgrund eines Oberleitungsschadens, siebzig Minuten wegen Personen im Gleis und zweimal fünfundzwanzig Minuten, weil es eine Signalstörung und übliche „Verzögerungen im Betriebsablauf" gab.

Delay of today

What do you think or say
to *half an hour* today?

Where do you go and stay
or come back, *day for day*?

What did you buy and pay:
money for nothing – hey!

All problems on the way
up to come, *it's not okay*.

What kind of games to play
and *how crazy* are they?

What do you feel and pray
to keep *that shit away*?

But, what's forever grey,
now *just in time – hurray*!

So, damned old *Deutsche Bahn*:
don't give me more delay!

Samstagsbier

Bringe was vom Einkauf mit:
Benediktiner Hell, dem Himmel so nah,
oder Staropramen, herb und wunderbar,
Kilkenny Red Ale, wo ich schon mal war,
oder Pilsner Urquell, wohl als erstes da.

Trinke gern so drei bis vier – und
bald schon schwebt ein milder Schleier
durch die Küche, über all den Dingen,
die ihr leichtes, frohes Lied nun singen,
das macht den Samstag mir viel freier.

Einkehr

Auf der Terrasse
im „Waldhaus" gegen fünf
sitzen Jana, die Wirtin,
ein alter Herr, Stammgast,
recht gesprächig – und
die Dame von nebenan
vor ihrem Glas Wodka,
in dem ein Strohhalm steckt.

Man tauscht Belanglosigkeiten aus,
ein paar Geschichten von neulich
und die getrübten Erinnerungen,
auch gut gemeinte Ratschläge.

Unvermittelt steht die Dame auf und sagt:
„Ich bin so einsam – verliere mich
im Alkohol, das darf nicht sein!"
Dann ist sie fort.

Mein Essen will nicht
mehr so richtig schmecken.
Bestelle noch ein Helles.

Zigarre rauchen

Zigarren aus Bünde.
Opa Eugen und
Opa Krischan
haben sie geraucht.

Werde in eine andre
Zeit versetzt.
Im Rauch steht
sie fast still.

Die Wolke umhüllt uns,
weiße Asche fällt –
Tabakgeruch gräbt
sonor sich ein.

Schlafen

Der Philosoph Odo Marquard
meinte, nach seinen Hobbies gefragt:
„Ich schlafe gern."

Gehe auch gern früh ins Bett.
Lege manche Sorgen ab –
zieh die Auszeitdecke übers Ohr,
tauche in den Traum der Nacht.

Ja, ich schlafe gern
und steh auch gerne
wieder auf.

IX. ZUM WECHSEL DER JAHRE

Auf der Kirchbank

Die Erhabenheit
des Kirchenraums
kühlt,
beseelt,
beruhigt.

Ich atme tief durch.
Ein Gottesdienst
der anderen Art:

Besinnungszeit,
Klostergesang,
Lichterspiel,
Lebenstraum.

Klosterkirche Gerleve, Jodokuskirche Bielefeld, Petrikirche Bosau, Dom St. Peter Regensburg, Dorfkirche Groß Glienicke, Auferstehungskirche Theesen

Zurückdenken

Räder mal zurückdrehen,
sich freuen über das, was war,
im eigenen Leben schwelgen:
zufriedener als ohne die
Vergangenheit, denn

aufgehoben sein möchten wir
in unserer Erinnerung wie
unter einer weichen, warmen Decke,
schauen durch die schönsten Fenster
des „So war es mal“ und

Fotos hervorkramen von
Kindern, Reisen, Feiern, Festen;
zwei bis drei *Weißt Du noch?*
austauschen, vielsagend nicken,
schmunzeln, lächeln, weinen.

Musen

Töne tauchen auf,
aus uralten Dynastien.
Laute schweben her –
aus den fernsten Sinfonien.

Klänge schwingen sacht,
einem fremden Ort entliehen,
Instrumente auch –
aus entrückten Galaxien.

Stimmen formen sich
zu vertrauten Melodien.

Gregorianische Gesänge, Elben-Weisen, Rilke-Projekt,
tibetische Hymnen u.a.m.

/Allein/

Am liebsten bin ich oft:
allein./Fühle mich allein:
nicht einsam./Mache mir so:
meinen eigenen Kopf./Ich trage:
weder Scheu noch Scham./Brauche:
aber keine Treffen, Talks und Chats.

Am liebsten bin ich einfach bloß:
allein./Fühle mich allein ganz und gar:
unbeschwert./Komme bestens mit mir:
klar./Und schöpfe immer wieder vieles:
aus mir selbst./Brauche ganz besonders:
diese Ruhe, ohne fremden Trost und Rat.

Am liebsten bin ich wirklich gern:
allein./Fühle mich allein irgendwie:
daheim./Schmiede dann auch freudig:
manche Pläne./Und bin tätig, mit Gemach:
auf nah wie fernen Feldern./Brauche hierfür:
meine Eigenzeit als ebensolche Eigenheit.

Ausklang

Lassen wir es ausklingen:

das Jahr mit einem Blick zurück,
die Woche freitags gegen zwei,
den Tag im Sofa nebenbei –

das Leben und ein kleines Glück.

Quellen

Balz, Eckart (2019). Stillgelegte Gleise. Gedichte. chiliverlag

Balz, Eckart (2021). projekt:731. Lyrik im Längsschnitt. chiliverlag

Hari, Johann (2022). Stolen Focus. Bloomsbury

Hesse, Herrmann (1973). Die Kunst des Müßiggangs. Suhrkamp

Kern, Björn (2019). Das Beste, was wir tun können, ist nichts. Fischer

Russel, Bertrand (1932). Lob des Müßiggangs. dtv

Veröffentlichungen

Potsdamer Poesie (Postkarten-Kalender). Eigendruck

Balz, Eckart (2019). Stillgelegte Gleise. Gedichte. chiliverlag

Balz, Eckart (2021). projekt:731. Lyrik im Längsschnitt. chiliverlag

Gedichte in Sammelbänden, im OWL-Literaturmagazin „Tentakel"

Balz, Eckart (2023). Nichtstun. Eine Poesie der Nutzlosigkeit. chiliverlag

Eckart Balz

geb. in Gadderbaum, lebt (mit Familie) in Bielefeld-Theesen, arbeitet nach einer Zeit in Regensburg an der Bergischen Uni Wuppertal und hat eine Datsche in Potsdam/Groß Glienicke – schreibt auch Gedichte (Preis für das Gedicht *Stück vom Glück*).

Foto: privat

INHALT

VI. WIEDERENTDECKTE STILLE

VII. SPÄTSOMMERLICHES AM SEE

VIII. EINFACH STEHEN GEBLIEBEN

IX. ZUM WECHSEL DER JAHRE